MD Series

Multiplying Disciples 2

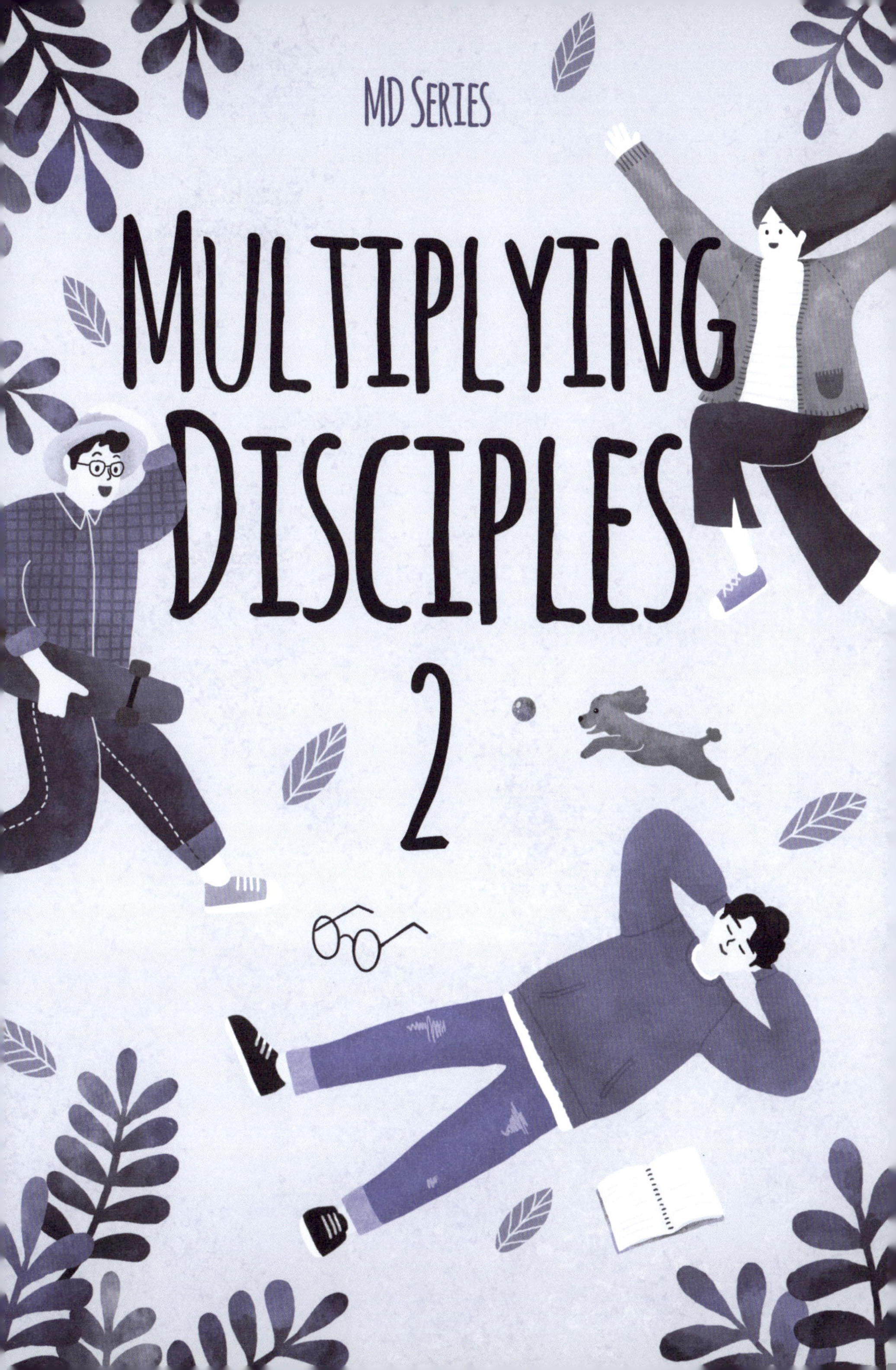

Multiplying Disciples 2

1985년 10월 30일 초판 1쇄 발행
2018년 2월 14일 개정판 1쇄 발행
2022년 3월 4일 개정판 2쇄 발행

펴낸곳 : 순출판사
표지디자인 : 김혜령(VLM)
편집디자인 : 구동훈(MediaStint9)
일러스트 : 양희정(MediaStint7)

등록번호 :제 2020-000159호

주소 : 서울시 종로구 백석동 1가길 2-8
전화 : 02-722-6931~2 팩스 02-722-6933
홈페이지 : www.soonbook.co.kr

ISBN 978-89-389-0333-4

값 2,500원

"이 땅에 푸르고 푸른
그리스도의 계절이 오게 하자!"

이새의 줄기에서 뻗어 나온 연한 순(筍)은 주님을 가리킨다(사 11:1, 53:1-12). 순은 우리나라 시인들의 순박한, 영원한 시골 소녀상이기도 하다. 순은 가지에서부터 무한히 뻗는 동안 잎과 꽃과 열매를 맺는다. 순은 자신을 위해 있는 것이 아니라 숨어 버리는 무한한 생명의 전달자요, 나룻배요, 어머니요, 수단이요,기능일 뿐이다. 오늘도 CCC 산하의 수만 개의 '순'은 이 땅에 푸르고 푸른 그리스도의 계절을 위하여 강인한 생명력으로 힘차게 뻗어가고 있다.

*(故김준곤 목사의 순론 중)

서 문

인류사에 커다란 영적 진보가 지금 세계 도처에서 일어나고 있다. 2,000년 전에 지상 명령이 처음 주어진 이래 어떤 시기보다도 많은 사람들이 복음을 듣고 있으며, 그리스도를 영접하고 제자로 성장하고 있다.

우리는 이 세대에 지상 명령의 성취를 위해 필요한 인력·기술·재정을 가지고 있다. 그러나 우리는 역사의 교훈으로부터 오순절, 종교 개혁, 웨슬레의 신앙 부흥처럼 전례 없던 영적 각성의 기회도 마침내는 끝나게 된다는 것을 인식해야만 한다. 우리가 어떻게 이러한 기회를 놓칠 수 있겠는가! 주 예수 그리스도와 그의 나라를 위해 무엇인가 계획했다면 지금 그 일을 해야만 한다!

역사상의 어떤 인물도 예수님처럼 말했거나 살았거나 죽었던 사람은 없다. 그는 참 하나님이시며 참 인간이셨고, 하늘과 땅의 모든 권세를 가지신 분이다. 그는 우리에게 온 세계에 가서 모든 족속으로 제자를 삼으라고 명령하셨다(마 28:19~20).

20세기에 살고 있는 우리 그리스도인들은 우리 세대에 지상 명령을 성취하는 일에 살아 계신 주님과 함께 참여하는 특권을 가지고 있다. 아침에 깰 때부터 밤에 잠들 때까지 모든 그리스도인의 의식과 행위가 지상 명령의 성취에서 떠나서는 안 된다. 우리에게 주신 많은 은총과 축복에 대한 감사와 사랑의 표현으로써, 그의 명령에 대한 순종의 행위로써 우리는 마땅히 그렇게 해야 한다.

캠퍼스와 지역 사회, 도시, 국가, 세계까지도 온전히 변화시킬 수 있는 유일한 분이신 예수 그리스도께 사람들을 인도함으로써 당신은 세계를 변화시키는 일을 도울 수 있다.

이 훈련 책자는 크고 작은 수백 번의 집회, 수천 명의 사람들과의 개인적인 접촉을 통해 배운 교훈들을 포함하고 있다. 소규모의 제자화 순은 그리스도인들의 신앙 성장을 돕는 가장 효과적인 방법 중의 하나이다. 순원들 간의 기도와 보살핌과 사랑은 다른 어떤 방법으로도 얻기 힘든 활력 있는 영적 성장을 가져 온다. 그러나 한 가지 주의할 것은 좀 더 큰 규모의 집회, 특별히 개 교회의 교제와 예배를 통한 영감, 도전과 믿음, 비전을 세우는 중요한 역할에도 동일한 강조를 두어야 한다.

전 국제 CCC 총재
故 빌 브라이트

MD 시리즈는 기초 육성(개인육성 약속 만남)을 마친 후 계속 그리스도의 제자로 육성 받기 원하는 사람들을 위해 만들어졌다. 이 시리즈를 꾸준히 공부할 때 당신의 전도 사역과 제자화 훈련은 크게 향상될 것이며 풍성한 결실을 가져올 수 있을 것이다.

차 례

01

그리스도 안에서의 우리의 신분

만일 당신이 에덴동산에서 아담과 하와의 위치에 있었다면,
과연 하나님께 순종했을까를 생각해 본 적이 있는가?
우리도 그리스도 안에서 순종하기를 선택하는 데 있어서
그들처럼 자유롭다는 사실을 인식해야 한다.

01

그리스도 안에서의 우리의 신분

개관목적 그리스도 안에서의 우리의 신분이 어떻게 죄의 세력으로부터 자유를 얻게 되는지를 알게 하는 것이다.

학습목표

1. 그리스도 안에서의 우리의 신분의 의미를 설명할 수 있다.
2. 새로운 신분에 따라 살기 위한 능력의 원천을 설명할 수 있다.
3. 새로운 신분에 따라 살아가는 네 단계의 과정을 말할 수 있다.

1. 용서 받은 죄수 이야기

사형수였던 한 죄수가 오랜 시간 감옥에 복역하고 있다가 사면을 받았다. 석방이 되고 그는 다시 일반인의 삶을 살기 시작했다. 그는 직장에도 잘 적응하고, 그의 가정에 대한 의무와 개인적인 일들도 잘 처리하면서 사회에 잘 적응하는 것 같아 보였다. 그런데 어느 날 이 사람이 행하는 이상한 문제를 발견하게 되었다. 그것은 그가 종종 감옥으로 되돌아가 죄수의 역할을 하고 있는 것이었다. 그가 감옥에 들어와 있는 것이 발견될 때마다 그를 다시 집으로 돌려보냈지만, 어찌된 일인지 그는 자꾸 감옥으로 되돌아 왔다.

이 이야기는 조금 과장되게 들릴지 모른다. 그러나 사실 얼마나 많은 그리스도인들이 이와 같은 방식으로 죄를 짓고 있는지 생각해보라.

2. 그리스도 안에서의 우리의 신분

로마서 6:1~16

1) 이 구절에 의하면, 그리스도와 연합하므로 우리에게 이루어진 사실들은 무엇인가?

2) 세례에 대한 설명

'세례 받다(baptize)'의 어원은 그리스어로 밥티오(baptio)로 '물에 잠그다(to dip into)'라는 뜻이 있다. 이 단어는 로마서 6장 3절과 고린도전서 12장 13절에 사용되었으며, 원래는 그리스 군대 용어로 전쟁에 나가는 군사가 자기 칼을 피에 잠기게 하여 싸움에 임하는 각오를 보여 주는 의식을 묘사하는 데에 쓰였다. 또한 이 단어는 옷가지를 염료 속에 잠기게 하여 염색하는 것을 묘사하는 일상 가정 용어이기도 했다. 여기에서부터 '세례 받다'는 '~와 연합하다'라는 의미로도 사용되었다.

3) '죄에 대하여 죽음'이 뜻하는 바를 당신 자신의 말로 설명해 보라.

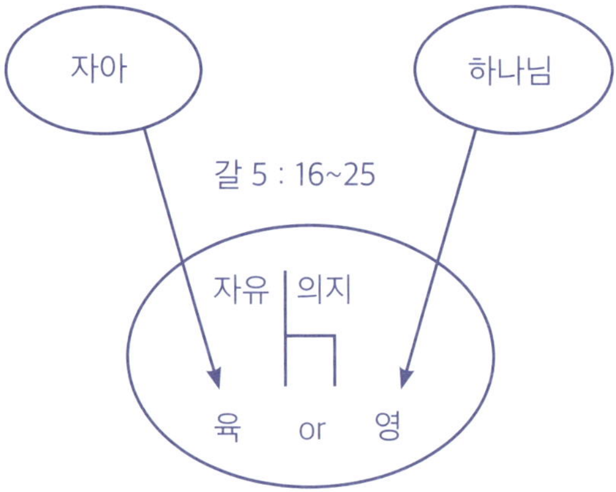

4) 3, 6, 9, 11, 13, 16절을 읽으라. 이 말씀에서 그리스도 안에서의 우리의 위치가 일상생활에 영향을 미치도록 하기 위해 필요한 행동들을 나타내는 동사들은 무엇인가?

3, 6, 9절 :

11절 :

13절 :

16절 :

5) 어느 비행사의 예

비행기는 비행 위치와 그 항로 등을 알려 주는 각종 계기들을 갖추고 있다. 이 계기들은 시야가 어둡거나 저공비행을 할 때 특히 중요하다. 가끔 비행기가 짙은 구름 속을 통과하여 잘 볼 수 없을 때 비행사들은 위기에 처하게 된다. 방향 감각이 혼란해지며, 때론 현기증을 느끼기도 하고, 동체가 뒤집힌 채로 비행하는 것과 같은 느낌을 받기도 한다. 하지만 비행사는 눈으로 볼 수 없을 때도 비행기가 정상적인지, 아니면 뒤집혀 있는지를 알아야 한다. 그러한 때 비행사는 둘 중의 하나를 택해야만 한다. 비록 자신의 느낌과 감각과는 어긋나지만 계기가 보여주는 대로 이상 없이 비행하고 있다고 믿을 수도 있고, 혹은 자신의 느낌에 의존하여 방향 전환을 시도하다가 마침내 조정 능력을 잃은 채로 추락해 버릴 수도 있다.

6) 우리 몸을 의의 병기로 드리는 데 대해 로마서 6장 12~16절은 무엇을 말하고 있는가?

3. 우리의 새로운 신분에 따라 살기 위한 능력

로마서 8:12~17

1) 이 구절은 그리스도 안에서의 우리의 신분을 경험하기 위해 우리가 어떻게 해야 한다고 말하고 있는가?

2) 13절의 "영으로써 몸의 행실을 죽이면"이 뜻하는 바는 무엇이라고 생각하는가?

4. 우리의 새로운 신분의 실제화

1) 만일 당신이 자신을 죄에 대하여 죽은 자로 여긴다면, 유혹을 받는 경우, 당신이 생각하거나 해야 할 것은 무엇인가?

2) 당신의 생활 속에 지금 자신을 죽은 자로 여기게 하는 죄가 있는가?

3) 죄를 이기기 위해 당신이 취해야 할 단계들은 무엇인가?

4) 그리스도 안에서의 당신의 신분은 당신의 이성(理性)과의 관계에 어떤 영향을 미쳐야 하는가?

5) 그리스도 안에서의 당신의 신분은 당신의 가족과의 관계에 어떤 영향을 미쳐야 하는가?

점검 Point

1. 육성만남 초청하기

1) 첫 번째 개인 육성 만남을 약속하는 방법 이해하기

2) 시범 대화를 숙지하고 둘씩 짝지어 연습하기

3) 전도 후에 실습하기

***순장NOTE APP을 통해 자세한 내용을 확인하세요.**

02

화목하게 하는 직책

한 사람의 삶이 다른 사람들에게 어떻게 영향을 미칠 수 있는가를
깨닫는 것보다 더 중요한 일은 없다.

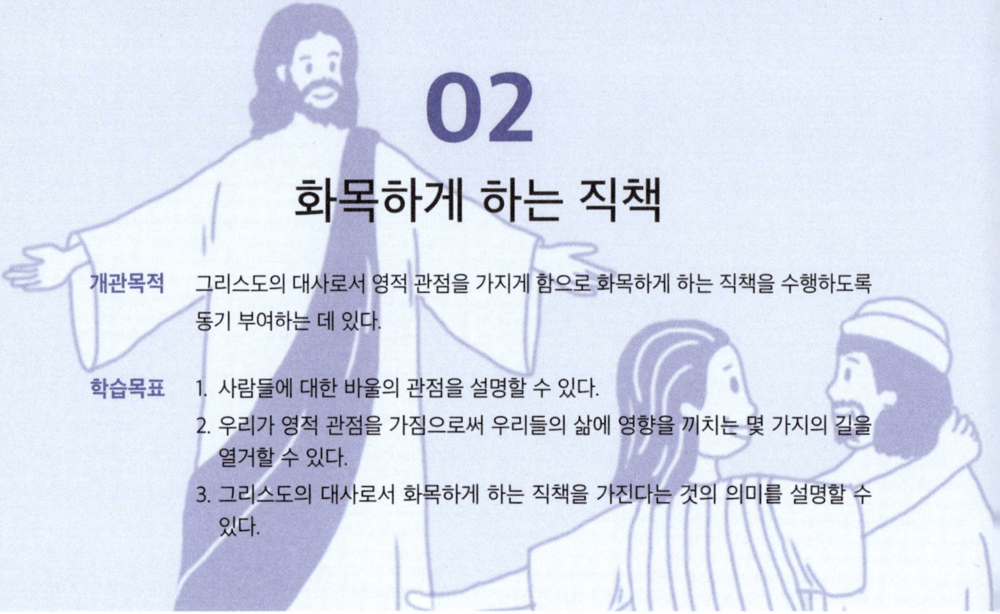

02

화목하게 하는 직책

개관목적 그리스도의 대사로서 영적 관점을 가지게 함으로 화목하게 하는 직책을 수행하도록 동기 부여하는 데 있다.

학습목표
1. 사람들에 대한 바울의 관점을 설명할 수 있다.
2. 우리가 영적 관점을 가짐으로써 우리들의 삶에 영향을 끼치는 몇 가지의 길을 열거할 수 있다.
3. 그리스도의 대사로서 화목하게 하는 직책을 가진다는 것의 의미를 설명할 수 있다.

1. 한 의사와 그의 조수의 이야기

수백만 명의 목숨을 빼앗아 간 전염병의 치료법을 발견하기 위해 전 생애를 바친 의사가 있었다. 다른 많은 사람들도 치료법을 알기 위해 연구했으나 이 의사는 그들과는 전혀 다른 방법을 사용했다. 다른 사람들은 이 의사와 그의 특이한 연구 방법을 비웃곤 했다. 그러나 그는 그의 말년에 마침내 전염병의 치료법을 발견하게 되었다! 치료방법을 찾았지만 이 특이하고도 단순한 방법이 실제적인 치료법임을 사람들에게 납득시켜야 하는 일이 남아 있었다. 하지만 그에게는 그 일을 감당할 만한 시간과 힘이 없었다. 그래서 이 늙은 의사는 그의 젊은 조수에게 "자네가 이 큰 임무를 수행해야 할 유일한 사람이네."라고 말했다. 그 외에는 아무도 없었다. 젊은 조수는 이 임무에 대한 큰 특권과 두렵고 무거운 책임감에 압도되었다.

1) 이 임무가 젊은 조수에게 이와 같이 큰 특권이 된 이유는 무엇인가?

2) 젊은 조수가 이 임무에 대해 두렵고 무거운 책임감을 갖게 된 이유는 무엇인가?

3) 이 이야기는 그리스도인의 삶에 어떻게 적용되는가?

2. 바울의 영적 관점

고린도후서 5:1~10

1) 1~10절에 나타난 대로 바울이 간절하게 소원했던 것은 무엇인가?

2) 바울이 이러한 소원을 성취하기 위해 계획한 것들은 무엇인가?

3. 사람들에 대한 바울의 관점과 그 결과

고린도후서 5:11~17

1) 모든 사람들의 삶이 결국 하나님 앞에 알려질 것이라는 바울의 믿음은 그의 행동에 어떠한 영향을 미쳤는가? (11절)

2) 이 구절에서 바울이 행동하도록 동기를 준 다른 것들은 무엇인가?

3) 영적 관점은 사람들에 대한 바울의 생각에 어떠한 영향을 주었는가?

4) 사람들에 대해 우리가 영적 관점을 가지지 않는다면 우리의 삶은 어떠한 영향을 받게 되는가?

4. 그리스도의 대사로서 화목하게 하는 우리의 직책

고린도후서 5:18~21

1) 18~19절에 의하면, 화목하게 하는 직책이란 무엇을 의미하는가?

2) 대사의 실제적인 임무는 무엇인가?

3) 우리는 그리스도를 위한 대사로서 어떻게 행동해야 하는가?

4) 당신이 아는 사람 중에서 '모든 것을 가졌으되' 그리스도를 알지 못하는 사람이 있는가?

5) 16절에 나타난 바울의 영적 관점에 의하면, 바울은 이런 사람들을 어떻게 생각했는가?

6) 당신의 삶 속에 계신 주님을 다른 사람에게 전하기 위해 이 주간에 당신이 할 수 있는 일은 무엇인가?

실천 사항 당신이 전도하려는 사람들의 명단을 만들고, 그들을 접촉하기 위한 방법을 결정하라.

점검 Point

1. 「새생활의 시작」을 인도하는 방법

1) 「새생활의 시작」을 인도하는 방법을 이해하고 둘씩 짝지어 연습하기

2) 실제로 순원과 「새생활의 시작」 1권을 인도하기.

***순장NOTE APP을 통해 자세한 내용을 확인하세요.**

03

확신의 범위 넓히기

"실패를 두려워하여 믿음으로 시도하지 않는 사람은 이미 실패한 것이다."

-J. K. 허치슨

03

확신의 범위 넓히기

개관목적 그리스도안에서 확신의 범위를 삶의 모든 영역 속에 적극적으로 확장해 갈 수 있도록 하는 데 있다.

학습목표
1. 확신의 범위의 의미를 알 수 있다.
2. 확신의 범위를 확장하는 원리들을 설명할 수 있다.
3. 확신의 범위를 확장하기 위한 계획을 수행할 수 있다.
4. 전도에 대한 성경적인 근거를 이해함으로 전도의 확신의 범위를 넓혀갈 수 있다.

1. 확신의 범위에 대한 정의

확신의 범위

1) 모든 사람은 확신의 범위를 가진다. 그것은 그가 평안을 느끼며 어떠한 두려움이나 긴장감 없이 하나님을 신뢰할 수 있는 활동 범위이다.
2) 하나님은 우리의 믿음이 멈추지 않고 성장하기 원하신다. 하나님은 우리가 믿음의 장벽을 헐어버리고 확신의 범위를 넓혀가길 원하신다. 하나님은 우리가 다양한 환경에 처하게 하시고, 우리의 확신의 범위를 확장시킬 수 있는 믿음의 일들을 행하도록 친히 격려하신

다. 하나님은 우리가 일상생활의 경험에서 하나님의 신실하심에 대해 더 많이 알기를 원하신다. 우리는 우리가 아직 확신하지 못하는 영역에 대해서도 하나님을 믿으며 나아갈 때, 하나님을 신뢰하는 능력이 더 향상되는 것을 알게 된다.

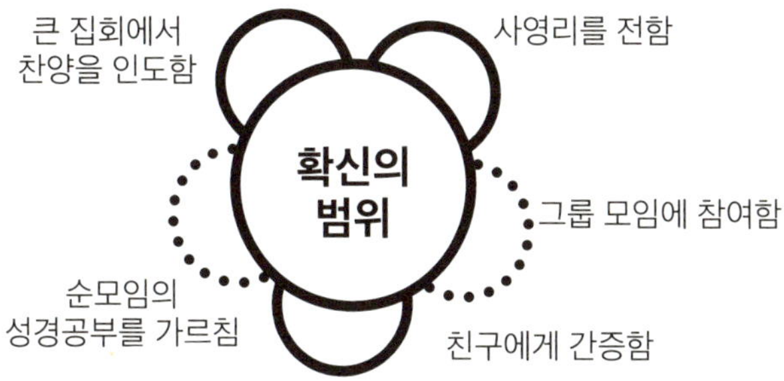

2. 현재와 미래의 확신의 범위

1) 그리스도를 신뢰하는 일에 있어서 현재 당신의 확신의 범위에 속해 있다고 생각되는 일들을 적어 보라.

2) 당신의 확신의 범위 밖에 있다고 생각되는 일들을 적어 보라.

3. 하나님의 성품에 대한 다윗의 확신

사무엘상 17:1~54

1) 다윗이 직면했던 장애물은 어떤 것이었는가?

2) 그 장애물에 대한 다윗의 반응은 어떠했는가?

3) 다윗은 이 도전에 대해 어떻게 반응할 수 있었는가?

4) 이 말씀에서 당신의 확신의 범위를 넓히도록 돕는 원리들은 무엇인가?

4. 확신의 범위 넓히기

1) 당신의 삶 속에서 현재는 확신의 범위에 속해 있지 않지만 그렇게 되기를 바라는 영역을 기록해 보라.

2) 이러한 영역에서 당신이 확신을 얻을 수 있는 방법은 무엇인가?

3) 하나님과 개인적인 시간을 가지면서 이러한 영역을 하나님의 온전하심에 맡기라. 그 영역을 확신의 범위로 삼기 위한 실천 계획을 보여 주시도록 하나님께 구하라.

5. 두 친구의 이야기

한 젊은이가 전도 집회에 참석한 후 그의 기숙사로 급히 돌아왔다. 그와 그의 친구는 한 방에서 몇 년 동안 같이 살며 공부하고 있었다.

그는 "꼭 할 말이 있어."하고 그의 친구에게 말했다. "나는 오늘 그리스도를 영접했어. 그리고 그분은 나를 변화시켰어." 그러자 그의 친구는 기뻐하며, "정말? 난 네가 그렇게 되길 원했어. 여러 해 동안 그리스도인으로 살아오면서 나는 항상 네가 그리스도를 구주로 믿기를 기도했어"라고 말했다.

새 신자가 된 그는 몹시 놀라면서 그의 친구에게 "내가 보기에 너는 아무런 도움도 받지 않고 네 힘으로 성공적인 생활을 하는 것 같았어. 그래서 나도 그렇게 살아보려고 애를 썼지. 그런데 나는 내 힘으로는 도저히 그런 삶을 살 수 없었기 때문에 오늘 밤 그리스도를 영접한 거야. 너는 내게 그런 생활을 할 수 있었던 이유를 알려 주었어야 했어. 왜 내게 그리스도를 알 수 있는 방법을 말해 주지 않았니?"라고 말했다.

1) 위의 이야기에서 그리스도인 젊은이에게 같은 방을 쓰는 친구에게 그리스도를 전하지 않은 이유를 묻는다면 그는 무엇이라고 말할 것 같은가?

2) 그의 생각 속에서 당신이 찾을 수 있는 문제점은 무엇인가?

6. 전도의 확신 넓히기

로마서 10:11~17

1) 이 구절에서 바울은 그리스도인들이 그리스도를 믿지않는 사람들에게 복음을 전하도록 하기 위해 무엇을 말하고 있는가?

2) 복음을 전하지 않으면 사람들은 복음을 들을 수 없다. 복음을 듣고 주님의 이름을 부르는 사람은 누구든지, 그가 어떤 사람이든지 구원을 받는다. 당신이 전도의 대상자 중에서 아예 믿지 않을 것이라고 제외한 사람이 있는가? 또는 기도를 중단한 사람이 있는가? 당신의 전도의 대상자에 대한 확신의 범위를 넓히기 위해 기도하고 실천 계획을 세워보라.

실 천 사 항 다음 주 혹은 두 주 동안 이러한 특별한 영역에서 확신의 범위를 넓히기 위해 성령의 능력 안에서 해야 할 구체적인 행동을 기록하라.

점검 Point

1. 순모임의 진행

1) 순모임의 진행에 대해 이해하기
2) 둘씩 짝지어 아래 범주에 따른 각각의 질문들을 만들어 연습하기
 ① 개방 정도에 따른 닫힌 질문과 열린 질문
 ② 질문의 대상에 따른 지명 질문과 전체 질문
 ③ 답의 난이도에 따른 사실 질문과 심화 질문
3) 실제 순모임에서 각 질문들을 활용하기

***순장NOTE APP을 통해 자세한 내용을 확인하세요.**

04

승법 번식의 성경적 전략

"만일 어려움이 있다고 해서 사람들을 그리스도께로 인도하는 것을 두려워한다면
갈보리의 사랑을 전혀 모르는 것이다."

-에이미 카미클

04

승법 번식의 성경적 전략

개관목적 승법 번식을 통해 세계를 복음화 하는 데에 더욱 헌신하도록 동기부여하는 데 있다.

학습목표
1. 지상 명령을 성취하기 위한 하나님의 전략을 잘 알 수 있다.
2. 제자로 삼을 사람들에게 요구되는 두 가지 자질을 말할 수 있다.
3. 강력한 승법 번식자가 되기 위해서 어떻게 헌신해야 하는지를 설명할 수 있다.

1. 왜 지상 명령이 지난 100년 동안 성취되지 못했는가?
(순원들에게 질문하여 함께 토의하라)

2. 우리의 목표

마태복음 28:18~20

1) 이 구절은 예수님에 대해 무엇을 말하고 있는가?

2) 그리스도인인 우리가 이 명령을 성취하기 위해 할 수 있는 일들은 무엇인가?

3. 우리의 방법

디모데후서 2:2

1) 예수님과 바울의 전략 사이에는 어떤 유사점이 있는가?

"어떤 산업과학 박람회장에서 한 전시회가 있었다. 그곳에서 특히 주목을 끈 것은 밀알 전시였는데, 장기 무늬 판의 첫째 칸에는 밀알이 하나, 둘째 칸에는 둘, 셋째 칸에는 넷, 그다음 칸에는 8, 16, 32, 64, 128, …로 이어지다가 맨 마지막 칸에는 많은 밀알들로 넘쳐서 그 일부가 밑으로 떨어지고 있었다. 여기서 그 실험은 중단되었다. '매 칸마다 이런 비율로 나간다면 64번째 칸에는 얼마나 많은 밀알들이 있겠는가?'

컴퓨터에 이 질문을 입력했더니 놀랍게도 스크린에는 '전인도 대륙을 50피트(약 15미터)높이로 덮을 수 있을 만큼 충분하게'라는 답이 나타났다.

승법 번식은 이와 같다. 승법 번식은 초기 단계에서는 가법 번식보다 훨씬 느리고, 또한 더 큰 대가를 치러야 하지만 장기적인 안목으로 볼 때 이 방법이야말로 그리스도의 지상 명령을 성취하는 가장 효과적이며 유일한 방법이다."

2) 우리의 개인 사역에 승법 번식의 원리를 적용할 수 있는 방법들은 무엇인가?

4. 우리의 모범

디모데후서 2:2

1) 바울은 디모데에게 제자가 될 사람들에게서 찾아야 할 자질들은 무엇이라고 말하고 있는가?

2) 우리가 이런 자질들을 갖추지 못한 사람들과 함께 사역할 때 결국 어떤 결과들이 나타나겠는가?

5. 우리의 헌신

디모데후서 2:3~10

1) 강력한 승법 번식가가 되기 위하여 군인, 운동선수, 농부의 예화가 말해 주는 것은 무엇인가?

2) 이 말씀에 기술된 대로 강력한 승법 번식가가 되려는 이러한 헌신은 우리의 승법 번식 사역의 성공과 실패를 어떻게 좌우하는가?

3) 현대 문명사회에서 지상명령에 집중하지 못하도록 사람들을 얽매어 놓는 것들은 무엇인가? 또 그것들은 승법 번식가로서의 영향력을 어떻게 약화시키고 있는가?

4) 오늘의 토의에 비추어, 보다 효과적인 승법 번식 사역을 하기 위해 당신이 하기 원하는 일들은 무엇인가?

실 천 사 항

1. 보다 효과적인 승법 번식가가 되기 위해 취해야 할 단계들

1) 나의 사역에 적용하기 원하는 것 두 가지

2) 하나님을 신뢰함에 있어서 피해야 할 얽매이기 쉬운 것 두 가지

점검 Point

1. 하나님의 최우선과 계획

1) 하나님의 최우선과 계획 이해하기

2) 개인 전략도표를 만들고 전도와 육성을 위한 구체적인 계획을 세우기

3) 개인 전략도표에 따라 실제 전도하고 육성하기

***순장NOTE APP을 통해 자세한 내용을 확인하세요.**

05

그리스도인과 유혹

"내가 볼 때, 어떤 그리스도인들은 폭발 직전의 압력솥처럼 살아 간다.
그들은 이기적인 야망, 걱정, 욕망, 분노, 원한, 공포 등 사단적인 세상 체계가
그들의 생각 속에 점점 더 압력을 불어 넣는 것을 방치해 왔다.
그들은 뚜껑을 더 견고하게 하면 이런 것들이 구체적인 행동으로
폭발하지 않게 되리라고 생각하지만 물론 그것은 오해다.
왜냐하면 가장 견고한 뚜껑이라도 결국은 터져 버리고 말 것이며,
그 폭발은 굉장할 것이기 때문이다."

-얼 래드마커

05

그리스도인과 유혹

개관목적 유혹에 잘 대처할 수 있게 한다.

학습목표 1. 유혹을 받은 후 죄를 짓는 데까지 발전하는 것을 설명할 수 있다.
2. 유혹을 물리치는 방법을 설명할 수 있다.

1. ______________________________

2. 유혹이 어떻게 죄로 변하는가?

야고보서 1:12~15

1) 이 말씀에서 당신이 발견할 수 있는 유혹과 죄와의 관계는 무엇인가?

2) '욕심'이란 말의 뜻은 무엇인가?

3) 우리의 생활 가운데 욕심을 경험하게 되는 영역들에는 어떤 것이 있는가?

4) 우리가 가장 많이 유혹을 받게 되는 상황은 어떠한 것인가?

3. 유혹에 대처하는 방법

1) 그리스도 안에서의 우리의 신분을 적용하라.
2) 성령 안에서 행하라.
3) 하나님의 말씀을 마음에 두라.

시편 119:9~16

4) 하나님의 말씀에 대한 시편 기자의 태도는 어떠한가?

5) 어떻게 하나님의 말씀을 우리 마음에 둘 수 있는가? (11절)

6) 이 세 가지 개념, 즉 성령 충만 받는 것, 그리스도 안에서의 우리의 신분을 아는 것, 하나님의 말씀을 묵상하는 것 사이에는 어떤 관련이 있는가?

4. ____________________

점검
Point

1. 기도

1) 기도 수첩을 만드는 방법을 이해하고 실제 자신의 기도 수첩을 만들기

2) 대화식 기도에 대해 이해하고 순모임에서 대화식으로 기도하기

*순장NOTE APP을 통해 자세한 내용을 확인하세요.

06

하나님의 뜻을 아는 방법

나를 위한 하나님의 계획

-작자 미상

"내가 그리스도의 심판대 앞에 설 때
그는 나를 위한 그의 계획을 보여 주시리니
그것이 그의 방법으로 이루실 내 생애에 대한
계획이었음을 보며, 나는 깨닫게 되리.
여기서는 그를 가로막았고 저기서는 그를 시험하며
내 뜻을 조금도 굽히지 않았던 것을.
나를 보시는 구주의 눈에 슬픔이, 그래도 여전히
나를 사랑하신다는 슬픔이 가득하였네.
그는 나를 부요케 하시나 나는 늘 그 모든 은혜를
벗어 버리고 초라하게 서 있네.
과거의 기억이 주마등처럼 스치고
나는 돌이킬 수 없는 길목에 쓰러져
고독한 마음은 눈물을 흘릴 수도 없이 산산이
부서져 버렸네.
나는 빈손으로 얼굴을 가리고
부끄러운 머리를 숙여 간구하리.
주님, 나의 남은 생애를 당신 손에
맡기나이다.
나를 받으시고 깨어 주시며, 새롭게 빚어 주소서.
오직 당신이 계획하신 그 모습으로."

06

하나님의 뜻을 아는 방법

개관목적 하나님의 뜻을 알고 그것을 행하게 하려는 데 있다.

학습목표

1. 하나님의 뜻을 알기 위한 두 가지 선행 조건을 말할 수 있다.
2. 마음이 새롭게 되며, 삶이 변화를 받을 수 있는 방법을 설명할 수 있다.
3. 하나님의 뜻에 순종한 다니엘의 모범을 살펴보고 그 순종의 결과를 설명할 수 있다.

1. ______________________________

2. 하나님의 뜻에 대한 분별

로마서 12: 1~2

1) 이 말씀에 의하면, 하나님의 선하시고 기뻐하시고 온전하신 뜻이 무엇인지를 분별하기 위해 우리가 해야 할 일은 무엇인가?

2) 하나님의 뜻을 선하시고 기뻐하시고 온전하신 것으로 표현한 바울의 의도는 무엇이라고 생각하는가?

3. '변화를 받음'에 대한 설명

시편 119:97~105

1) 시편 기자는 그의 삶이 하나님의 말씀에 의해 변화 받았다는 것을 어떻게 알 수 있었는가?

2) 시편 기자의 삶이 변화된 것은 하나님의 말씀에 의한 것임이 분명하다고 볼 때, 그는 하나님의 말씀을 듣고 어떻게 행동했을 것이라고 생각하는가?

4. '드림'에 대한 설명

다니엘 1:1~21

1) 다니엘이 왕이 보낸 음식을 먹지 않은 것은 그가 하나님의 뜻에 전적으로 순종한다는 것을 어떻게 보여 주는 것인가?

2) 다니엘은 하나님의 뜻을 따를 준비가 되어 있었으며, 기꺼이 순종했음이 분명하다. 이 순종의 결과로 하나님의 선하시고 기뻐하시고 온전하신 뜻이 그의 삶에 어떻게 나타났는가?

5. 하나님의 최선을 체험

로마서 12:1~2

1) 만일 다니엘이 세상과 타협하려고 했다면 어떤 이유들을 내세웠겠는가?

2) 우리의 삶에 대한 하나님의 선하시고 기뻐하시고 온전하신 뜻을 체험하기 위해 우리가 기꺼이 취해야 할 단계들은 무엇인가?

3) 당신의 삶에서 하나님께 산 제물로 자신을 드려야 할 영역은 무엇인가? 하나님의 뜻인 줄 알면서도 기꺼이 드리지 못한 영역은 어떤 것이 있는가?

실 천
사 항

1. 보다 효과적인 승법 번식가가 되기 위해 취해야 할 단계들

1) '올바른 사고방식'을 주의 깊게 읽으라.

2) 찬·반 도표를 사용하여 이 '올바른 사고방식'에 있는 원리들을 당신이 하나님의 인도하심을 구하고 있는 특정한 영역에 적용해보라(예: 직업, 결혼, 물품 구입 등).

점검
Point

1. 올바른 사고방식

1) '올바른 사고방식'을 읽고 순모임에서 이에 대해 함께 나누기

2) 실제 삶에서의 구체적인 일에 대해 '찬·반도표'를 사용하여 하나님의 뜻을 확인하기

*순장NOTE APP을 통해 자세한 내용을 확인하세요.

07

세계 복음화의 비전을 가진 그리스도인

"이와 같이 이 작은 자 중의 하나라도 잃는 것은
하늘에 계신 너희 아버지의 뜻이 아니니라"

-마 18:14

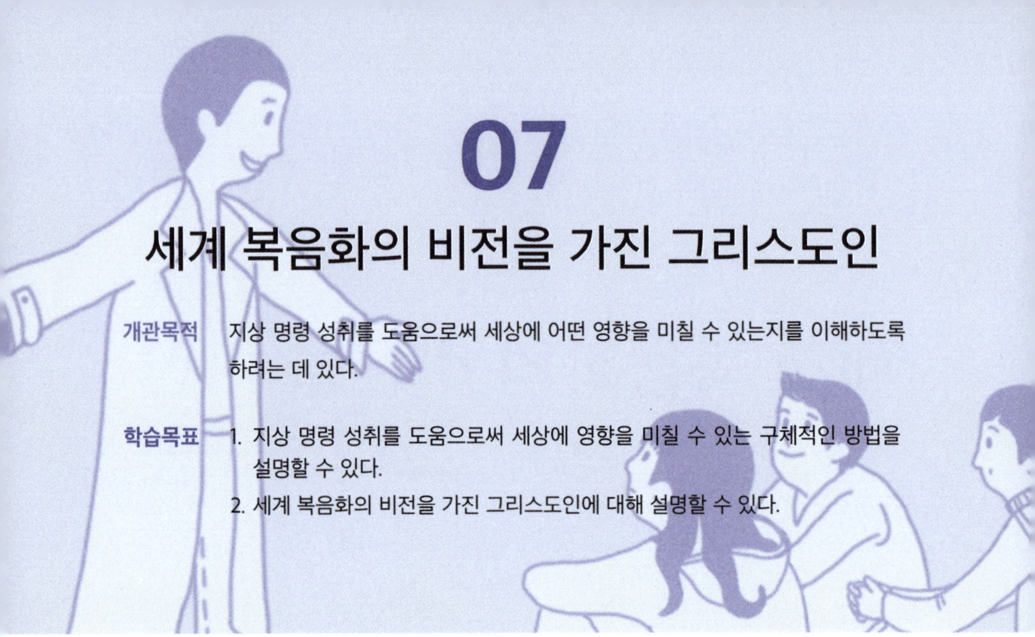

07

세계 복음화의 비전을 가진 그리스도인

개관목적 지상 명령 성취를 도움으로써 세상에 어떤 영향을 미칠 수 있는지를 이해하도록 하려는 데 있다.

학습목표
1. 지상 명령 성취를 도움으로써 세상에 영향을 미칠 수 있는 구체적인 방법을 설명할 수 있다.
2. 세계 복음화의 비전을 가진 그리스도인에 대해 설명할 수 있다.

1. C.T. 스튜드의 말

"만일 예수 그리스도가 하나님이시며 나를 위해 죽었다면, 내가 그를 위해 치루는 어떤 희생도 크다고 할 수 없을 것이다."

2. 세계 복음화의 비전을 가진 그리스도인과 기도

마태복음 9:36~38

1) ______________________________

2) 예수님께서 그의 제자들에게 무리들을 위해서보다 추수할 일꾼을 위해서 기도하라고 하신 이유는 무엇인가?

3) 지상 명령 성취를 위해 기도하지 않는다면 어떤 결과가 생기는가?

3. 세계 복음화의 비전을 가진 그리스도인과 헌금

빌립보서 4:14~19

1) ________________

2) 선물을 주는 사람이 경험하는 유익이 무엇인가?

3) 지상 명령 성취를 돕는데 재정적으로 참여하지 않는다면 어떤 결과가 생기는가?

4. 세계 복음화의 비전을 가진 그리스도인과 제자화

마태복음 28:19~20

1) ________________

2) 지상 명령 성취를 돕기 위해 제자를 키우는 일에 참여하지 않는다면 어떤 결과가 생길 것이라고 생각하는가?

5. 세계 복음화의 비전을 가진 그리스도인과 유용성

사도행전 1:8

1) ____________________

2) 지상 명령 성취를 돕기 위해 어느 곳이든지 기꺼이 가려고 하지 않는다면 어떤 결과가 생길 것이라고 생각하는가?

6. 세계 복음화의 비전을 가진 그리스도인의 정의

마태복음 28:19~20

1) 당신은 세계 복음화의 비전을 가진 그리스도인을 어떻게 정의하겠는가?

7. 세계 복음화의 비전을 가진 그리스도인이 되기

1) ______________________________

2) ______________________________

3) ______________________________

4) ______________________________

점검 Point

1. 제자화 사역의 개인전략

1) 순원(들)을 제자화 사역에 초대하기 위해 해야 할 일에 대해 이해하고 도표를 작성하기
2) 나의 제자화 사역의 함정들에 대해 이해하고 도표를 작성하기

*순장NOTE APP을 통해 자세한 내용을 확인하세요.

08

가치 있는 삶

"영원한 것을 얻기 위해 영원하지 않는 것을 버리는 자는
결코 어리석은 자가 아니다"

-짐 엘리엇

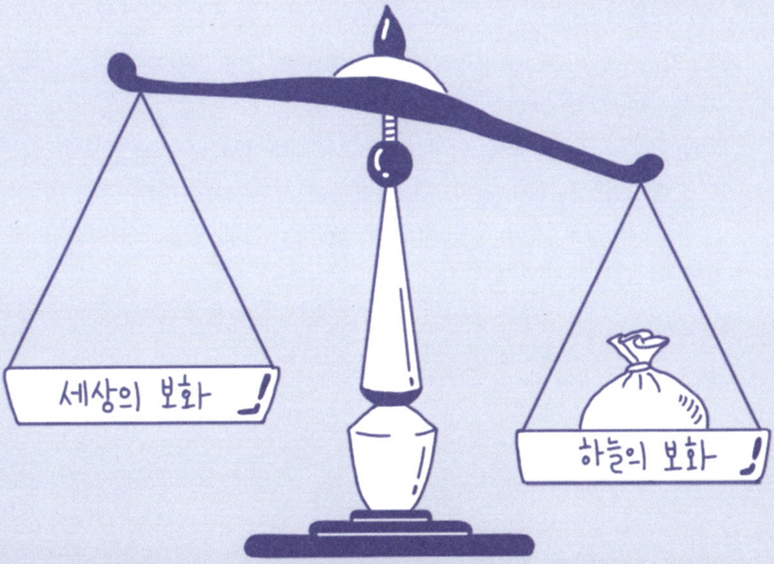

08

가치 있는 삶

개관목적 하나님의 가치라는 관점으로 자신의 인생을 평가하고, 더 나아가 그 가치로 자신의 인생을 평가하는 단계들을 밟아가도록 하는 데 있다.

학습목표
1. 한 사람의 영혼에 대해 하나님께서 가지고 계신 가치를 설명할 수 있다.
2. 인생의 결정들을 하나님의 관점과 연관시킬 수 있다.
3. 현재 삶의 방식과 장래의 목표들이 사람의 영혼에 대해 가지고 계신 하나님의 가치라는 관점에서 최선의 효과를 내는 데 초점을 두고 있는지의 여부를 평가할 수 있다.

1. 한 기독교 지도자의 말

"그리스도인이건 아니건 간에 이 세상에서 고생을 당하기는 마찬가지이며, 모두 한번은 죽는다. 기왕 내가 그리스도인이 될 바엔 하나님이 주시는 은혜를 전부 누리고, 그 대신 하나님의 의도하심에 부족함이 없는 내가 되고 싶다. 이왕 고생을 하고 한번 죽고 말 바에야 가장 높고 귀한 것을 위하여, 주 예수 그리스도와 그의 복음을 위하여 고생하고 싶다."

2. 인생의 투자에 대한 하나님의 관점

마가복음 8:34~38

1) ______________________________

2) ______________________________

세상의 모든 부(금, 은, 보석, 석유, 돈, 저택 등)를 취하여 저울의 한쪽에 올려놓고, 그 다음 다른 한쪽에는 인간적으로 가장 보잘 것 없는 사람의 영혼을 올려놓는다고 가정해 보자. 그러나 하나님의 시선에는 그 한 영혼의 가치가 다른 모든 것보다 더욱 크고 무겁다.

3) 당신이 투자할 수 있는 가장 가치 있는 것은 인간의 영혼이다.
인간의 영혼에 투자하는 가장 좋은 방법은 무엇인가?

3. 인생의 결정들을 하나님의 관점과 연관시키기

누가복음 12:15~21

1) ____________________

2) ____________________

3) 15, 20, 21절에 의하면, 하나님의 가치관은 그 부자의 가치관과 어떤 점에서 다른가?

4) ____________________

점검 Point

1. DRF(Development Review Form)

1) DRF(Development Review Form)에 대해 이해하고 작성하기

2) 순장이나 간사님과 작성한 DRF를 나누고 의논하기

*순장NOTE APP을 통해 자세한 내용을 확인하세요.